Annika Peißert
Momente im Hier und Jetzt

AF176517

über die Autorin

Annika Peißert, geboren 1984 in Siegen, arbeitet heute als
Künstlerin.
Die gelernte Bankkauffrau entdeckte 2015 ihr Talent für
und ihre Liebe zum Malen wieder und lebt ihre Kreativität
seitdem aus, die sich in Bildern und Worten ausdrückt. Sie
malt und schreibt aus dem Herzen heraus, intuitiv und
autodidaktisch. Damit folgt sie ihrer Berufung.

www.annikapeissert.website

Annika Peißert

Momente im Hier und Jetzt

Geschichten und Texte
zum Träumen, Nachdenken, Fühlen und Sein

Impressum

Bibliografische Information
der Deutschen Nationalbibliothek:
Die Deutsche Nationalbibliothek verzeichnet
diese Publikation in der Deutschen Nationalbibliografie;
detaillierte bibliografische Daten sind
im Internet über <u>dnb.dnb.de</u> abrufbar.

©2020 Annika Peißert

Herstellung und Verlag
BoD - Books on Demand, Norderstedt

ISBN **9783751990080**

„DANKE!"

...an meine Eltern, die mich in meinem Sein unterstützen.

*...allen Weggefährtinnen und Weggefährten,
die in den vergangenen fünf Jahren meinen Weg gekreuzt
haben, ein Stück mit mir gegangen sind, geblieben sind,
vorher schon da waren oder die in Zukunft bleiben:
„DANKE!", besonders an alle unter euch, die mich
bestärken, meinen Weg weiter zu gehen.*

*... an dich, liebe Silke, und an dich, lieber Papa,
für euer Mitwirken und euer scharfes Auge.*

Inhaltsverzeichnis

Hallo du,

wie schön, dass ausgerechnet du dieses Buch in den Händen hältst - sei es weil du dich bewusst dafür entschieden hast oder weil es seinen Weg zu dir gefunden hat.

Ich danke dir von Herzen, dass du dir die Zeit nimmst, dieses Buch zu lesen und wünsche dir dabei eine wundervolle Zeit. Möge es dich berühren, dich manchmal nachdenklich, aber vor allem freudig stimmen, möge es dich an der einen oder anderen Stelle erheitern und zum Schmunzeln bringen.

Vielleicht ist dir dieses Buch ein Schatz, der bei dir bleibt, dich begleitet und den du von Zeit zu Zeit wieder entdeckst, wenn du dir selbst Zeit schenken möchtest, wenn du träumen oder einfach sein magst.

Alles Gute für dich!

Es grüßt dich von ganzem Herzen deine

Annika

Zurück zu dir

Wenn du dich auf den Weg gemacht hast,

zu dir,

nach Hause,

zurück zu dir,

dann kannst du nicht dahin gehen,

wo du hergekommen bist,

dahin, wo du schon warst.

Wenn du ehrlich zu dir bist, geht das nicht.

Wenn du dich einmal wieder gesehen hast,

nur ein kleines Stück, dann gibt es kein Zurück!

Nicht zurück, dahin wo du schon warst,

es geht nur weiter,

immer weiter

zu dir.

Wind und Sturm

Manchmal gehe ich zum Meer,

wenn es windet und stürmt.

Manchmal stehe ich einfach am Meer im Wind.

Halte ihm mein Gesicht entgegen,

stelle mich ihm entgegen.

Spüre die Macht und Kraft der Natur,

bin ehrfürchtig klein und fühle mich zugleich stark.

Fühle mich belebt.

Spüre diese tiefe Kraft in mir,

die seit Urzeiten in mir wohnt

und erinnere mich daran,

zu was ich alles im Stande bin.

Was ich schaffen kann.

Was ich erschaffen kann.

Manchmal wünsche ich mir,

der Wind nähme alle Sorgen mit,

alles Schwere und Dunkle nähme er von mir,

allen Zweifel und alle Traurigkeit.

Manchmal wünsche ich mir,

auf den Wind folge ein Sturm,

ein Sturm mit Blitz und Donner

und sintflutartigem Regen.

Ein Sturm, der alles reinige, alles wegspüle,

was nicht mehr zu mir gehört,

was ich nicht mehr brauche,

alles dem ich entwachsen bin einfach hinfort spüle.

Nach dem Regen würden sich die dunklen Wolken

verziehen,

genau so schnell,

wie sie aus dem Nichts aufgezogen sind.

Und dann ginge die Sonne auf.

Hell und strahlend, schön und warm.

Ich wäre leicht und frei,

unbeschwert, voller Freude.

Und ich finge neu an.

Mit voller Kraft.

Ein neuer Tag beginnt.

Ein neues Jahr beginnt.

Ein neues Leben beginnt.

Nach dem Sturm und nach dem Wind.

Puzzleschnüre

Manchmal kommt mir das Leben vor wie ein Puzzle.

Es sind so viele Teile da

und doch passt es nicht richtig zusammen.

Ich suche wie besessen

das nächste passende Puzzlestück.

Mein Vertrauen, dass es eines Tages passt,

dass das Puzzle eines Tages zusammengesetzt ist:

mal ist es da, mal es ist weg.

Ich verliere den Überblick!

Was macht man dann? Mit all den Teilen

des Puzzles, wenn man den Überblick verliert?

Wie lauter Enden von Schnüren

hängen sie vor meiner Nase.

Fast närrisch, als wollten sie mich ärgern.

Welches Seil soll ich ziehen?

Welches führt zu meinem Glück?

Welches führt zum nächsten Schritt?

Welches passt ins Puzzle,

damit das Gesamtbild später mal zusammenpasst?

Später?

Wofür später?

Warum eigentlich nicht jetzt?

„Sei vernünftig!" sagen sie.

„Denk nochmal nach!" sagen sie.

„Hab Geduld!" sagen sie.

„Lass dir Zeit!" sagen sie.

Wofür?

Geduld ist vorbei, es soll jetzt sein.

Hier und jetzt.

Leben ist doch hier und jetzt!

Also puzzle ich los,

mit dem nächsten freien Puzzlestück.

Zugfahrt

Ein grauer Dezembermorgen.

Die schwere, nasse Wolkendecke hängt gießend über der grauen Stadt, der Wind peitscht das Wasser vor sich her. Ihr Regenschirm bietet kaum Schutz, immerhin schützt er die Frisur auf dem Weg zum Bahnhof.

Im Zug ist es warm. Sie wählt einen Fensterplatz in Fahrtrichtung. Am frühen Samstag sind nur wenige Menschen unterwegs, der Zug ist fast leer. Zwei Frauen in grellen Jacken setzen sich ihr gegenüber, sie diskutieren lautstark über die mögliche Fahrtrichtung des Zuges und entscheiden sich zum Ende der Diskussion nochmal um.

Mit einem Ruck setzt sich der Zug in Bewegung und nimmt Fahrt auf. Mit zunehmender Geschwindigkeit fließen die blitzenden Regentropfen waagrecht an der Außenseite der schwarzen Fensterscheibe entlang. Eine Durchsage erklingt, in der eine männliche

Stimme die Reisenden auf übliche standardisierte Weise begrüßt und darüber informiert, dass auf halber Strecke ein Wechsel der Fahrtrichtung vollzogen wird. Sie schmunzelt.

Das rollende Wummern der Schienen wird in Kurven melodisch von einem lauten Summton begleitet, der aus vibrierenden Teilen der Innenverkleidung zu entstehen scheint und auf eine gewisse Lockerheit derer schließen lässt. Zu diesem technischen Konzert gesellt sich heute Morgen das tiefe, aufdringliche Schnarchen eines Mannes in dunkelblauer Regenjacke, der in einer äußerst unangenehmen, halb liegenden Position einige Reihen vor ihr schläft. Das Schnarchen ist beharrlich und nistet sich in ihrem Ohr ein, wird mit jedem Mal lauter und deutlicher. Die beiden Frauen in den grellen Jacken haben das Schnarchen schon belustigt vernommen.

Beim ersten Halt steigt ein erkälteter Hund mit seinem Frauchen zu, der seine Erkältung immer wieder mit einem röchelnden Bellhusten zum Ausdruck bringt und damit nun den Beat des verstörenden Konzerts vorgibt.

ratterratter hust rollroll hust schnarch hust summ ratter-ratter hust rollroll hust schnarch hust - „Falscher Film?" denkt sie.

Das Ganze wirkt bizarr auf ihr Hörvermögen und erzeugt eine akustische Situationskomik, in der sie sich selbst disziplinieren muss, um dem inneren Drang zu widerstehen, einfach laut loszulachen. „Tief durchatmen." sagt sie sich in Gedanken.

Die Schaffnerin kündigt sich von Weitem an. Ihr „Guten Morgen, die Fahrscheine bitte!" wechselt sich mit einem „Okeeh, dankeeh!" ab, das jedem Fahrgast nach der Sichtung des Tickets entgegen schallt. Das Schnarchen verstummt für wenige Minuten, setzt nach kurzer Zeit jedoch wieder in das Orchester ein. Sie verdreht die Augen und beginnt in ihrer viel zu großen und unpraktischen ein-Fach-Handtasche umständlich nach dem Smartphone und den dazugehörigen Kopfhörern zu kramen. Endlich fischt sie beides heraus, stöpselt die Kopfhörer am Gerät und in den Ohren ein, startet das Musikprogramm und wechselt das Orchester. Lächelnd schaut sie aus dem Fenster, wo draußen Landschaften aus Bäumen, Bächen, Wiesen, Äckern, Städten und Bahnhöfen nass und grau vorbei fliegen. Die Wolkendecke schwebt als klumpige, breiige Masse darüber.

Auf halber Strecke wechseln die beiden grellen Jacken ihren Sitzplatz.

ohne Inspiration

Sie sitzt in ihrem Wohnzimmer, draußen prasselt der Regen in der Dunkelheit, das verrät ihr das monotone Tropfgeräusch, welches die blecherne Regenrinne an der Außenwand erzeugt.

Vor ihr auf dem Tisch liegt ein weißes Blatt Papier, ein strukturiertes Künstlerpapier, das sie hämisch angrinst. Seit Tagen hatte sie keine Zeit zu malen. Jetzt hat sie Zeit, aber ihr fehlt die Inspiration. Die Farben in den Tuben und Flaschen liegen wild verstreut und stumm auf dem abgedeckten Holztisch herum. Normalerweise genügt ihr Anblick, um die Inspiration zu wecken: eine Farbe lächelt sie freundlich an oder eine andere leuchtet besonders hell. Heute nicht. Sie spürt, wie Panik in ihr aufsteigt. Wo ist sie hin, ihre Inspiration? Sie schiebt den Gedanken weg, aber er kommt wieder. Natürlich tut er das. Er ist mächtiger als zuvor. Er droht. Sie schaut ihn zuerst für einen Moment erschrocken an, dann lächelt sie ihm zu. Sie lässt den Gedanken da sein, dann geht er von alleine. Sie entspannt sich und lächelt dem leeren Blatt zu. Auch das darf so sein.

Sie macht Pause und lauscht weiter dem Regen, der metallen durch das Regenrohr tropft.

Die Heizung zischt leise vor sich hin.

Büffelherde beim Yoga

„Lasse deinen Atem fließen – lauter, tiefer, weiter..." erklingt die dahin gehauchte Ansage des Yogalehrers. Fokus zum Atem bringen, beobachten, spüren, anspannen, entspannen. Alles ist fließend, vergänglich, wiederkehrend. „*AUM.*"

„Körper entspannen, Geist entspannen."

Das ist einfach gesagt und bestimmt gut gemeint.

„Geht aber heute bei mir nicht." Gar nichts geht, außer meine Gedanken. Und nein, sie gehen nicht, sondern sie rasen! Der Geist springt von Gedanke zu Gedanke: Arbeit – Freunde – Schnee draußen – glatte Straßen - Termine morgen - und in meinem Körper zwickt es an zig Stellen gleichzeitig. „Aaaah!" ich möchte laut losschreien. Tue es natürlich nicht.

„Lasse deinen Atem fließen."

Ja, das klappt. Für eine kurze Zeit klappt auch wieder die Beobachtung, doch dann ist es, als ob eine Horde wild gewordener Büffel in meinem Kopf umher rast und alles niedertrampelt, was auch nur annähernd nach Ruhe und Entspannung aussah.

Ich ermahne mich: „Beobachten, nur beobachten, entspannen, nicht ärgern, sanft und geduldig mit mir sein." Einfach sein lassen.

bei dir

Und da stehst du nun
in Mitten des Lärms und der Hektik dieser Zeit.

Du könntest schreien vor Glück,
lachen und weinen.

Alles gleichzeitig.

Doch innen bist du ganz still.
Ruhig und still.
Du bist ganz still.

Du bist ganz bei dir.

Die Birke

Es ist Ende April, kurz vor Ostern. Das Himmelblau strahlt ihr entgegen, alles glitzert im Sonnenschein. Sie liegt entspannt auf dem Rücken und starrt in das blaue Nichts. Der Wind streichelt ihr Gesicht, vorsichtig und sehr sanft. Sie genießt seine sachte Berührung auf der Haut.

Im Garten nebenan steht eine Birke, fast noch nackt, ist sie gelb übersät mit hängenden Röhren. Sie tanzt im Wind. Die ganze Krone wiegt sich weich von rechts nach links, lässt den Wind mit ihren Ästen spielen, die sich mit ihm anmutig, fließend weich bewegen. Elegant und wabernd winkt ihr die Birke mit ihren Ästen zu.

Wenn der Wind aufhört, erlischt jede Bewegung der dünnen Äste für einen kurzen Moment. Es wirkt, als ob der Wind ihr eine kurze Verschnaufpause gönnt, bevor er wieder Fahrt aufnimmt und sein raschelndes Spiel in ihrer Krone fortsetzt.

„krah – krah – krah" schreiend fliegt ein Vogel vorbei.

Drei Tage weiter ist das hängende Gelb vergangen und junge, frischgrüne Blätter kleiden die Birke in ein leuchtendes Gewand ein.

Der Frühling ist da.

Angstherz

Du fragst mich:

„Warum bist du so unsicher?"

„Warum bist du so?"

Ich bin doch nicht unsicher. Was hast du bloß?

Du fragst mich:

„Warum bist du so unsicher?"

„Warum bist du so?"

Ich denke: „Ich bin halt so. Ich bin wie ich bin."

Du fragst mich:

„Warum bist du so unsicher?"

„Warum bist du so?

Na, kann es sein, dass du selbst unsicher bist,

wenn du grade das bei mir siehst?

Spiegelgesetz und so, schon mal gehört?

Du fragst mich:

„Warum bist du so unsicher?"

„Warum bist du so?"

Ich ahne, ich kenne die Antwort.

Wenn ich es dir sage, drehst du dich vielleicht um

und gehst. Das will ich nicht.

Du fragst mich:

„Warum bist du so unsicher?"

„Warum bist du so?"

Du willst wissen, warum ich so bin?

Dann sag ich's dir. Ich kenne die Antwort jetzt.

Du fragst mich:

„Warum bist du so unsicher?"

„Warum bist du so?"

Ich bin so, weil...

...ich innen

ganz tief innen in mir drin,

sehr zart und verletzlich bin.

Vorfreude – dahinter das Meer

Dieser Augenblick, bevor du das Meer siehst:

Ein einziger Schritt und du siehst es.

Du weißt, dass du es gleich siehst.

Du weißt es, bevor du ihn gehst, diesen einen Schritt.

Erwartungsvoll. Ungeduldig. Freudig.

Die Weite, das Blau bis zum Horizont.

Du riechst die warme Luft,

spürst die Sonnenstrahlen auf deiner Haut

und schmeckst die salzige Brise.

Ein Gefühl von Unendlichkeit.

Dein Herz springt.

Du versinkst in dem wunderschönen Anblick

dieser Welt.

Dein Blick schweift hinunter zum Strand,

zu den schäumenden Kronen der Wellen,

die an der Küste entlang tanzen.

Dein Blick hebt sich über das Meer hinaus

zum Horizont.

Du atmest tief ein und bist erfüllt.

Schon jetzt, bevor du es siehst.

Ein einziger Schritt,

dahinter liegt das Meer.

Tanzen

Tanzen das ist

Lebendigkeit
Leben
Freude
Lebensfreude
Freiheit
Ekstase

Tanzen das

fühlt sich leicht an
ist leicht
macht leicht
macht mich leicht
macht mich frei
und macht mich ganz
und vollständig
und voller Freude.

Beim Tanzen

bin ich frei
und glücklich
und bin vollständig
und bin pure Lebensfreude.

Tanzen das ist

Strahlen
innen und außen
aus dem Herzen
mit dem Herzen
mit dem ganzen Körper
genießen

Ganz tanzen. Ganz leben.

Das ist Tanzen.

An Deck

Zwei Stunden hat die Besatzung mit den LKWs und Autos gepuzzelt, bevor das große Schiff endlich ablegt.

Sie hat lange auf einem der Decks gestanden, dem Treiben unten im Hafen zugeschaut und sich dabei gefühlt, als sei sie wieder ein Kind, das beobachtet, wie Spielzeugautos wie von Geisterhand hin und her geschoben werden.

Jetzt sitzt sie ganz oben auf dem Deck, mitten im Wind, den Rücken an das kühle Metall des Schiffskörpers gelehnt, und ist glücklich. Da ist es wieder, dieses kleine zarte Lächeln auf ihrem Gesicht, das nicht verschwinden will. Soll es auch nicht, es darf bleiben.

Vor ihr ist noch ein Stück Schiff, bevor das weite wellige Meer beginnt, in das in nächster Zeit die Sonne versinken will. Doch bis dahin dauert es noch. Wenn sie den Kopf hebt, ist der Himmel zart blau und vollkommen frei von Wolken. Die Sonne sitzt als gelb-goldener Fleck am Himmel, etwa in Höhe ihrer Augen. Das Gold zieht sich entlang der Meereskante und mischt sich fließend in das Blau.

„Als ob ein sehr talentierter Maler Aquarellfarben nass ineinander hat fließen lassen..." denkt sie.

Hinter dem Vorhang aus Trauer wartet
das Glück

Die Stimme flüstert:

„Weine. Weine. Weine, mein Kind,

so wie du noch nie geweint hast.

Lass sich die Trauer erheben,

die du tief unter deinem Herzen trägst,

die dich so schwer und grau umgibt,

lass sie sich erheben, lass sie aufsteigen, lass sie frei.

Schluchze. Heule. Weine.

Glaub mir, danach wird es dir besser gehen.

Glaub mir, deine Tränen werden trocken.

Glaub mir, die Trauer wird vergehen.

Wenn du sie nicht mehr brauchst, lass sie frei.

Wenn du bereit bist, sie loszulassen,

die ganze tiefe Traurigkeit,

die du schmerzhaft wie einen Stachel in dir trägst,

lass sie frei!

Wenn du bereit bist den schweren, grauen Mantel
der Trauer fallen zu lassen und wieder zu strahlen.
Wenn du bereit bist und sie gehen lässt.

Für jede geflossene Träne
wirst du mit Erleichterung belohnt werden.
Glaub mir.
Mit jeder Träne
werden Trauer und Schmerz aus dir herausfließen.
Wenn du die Trauer nicht mehr festhältst,
nicht mehr umklammerst.
Wenn du bereit bist, sie gehen zu lassen
und wenn du sie dann gehen lässt,
wenn du sie loslässt, wirst du erleichtert sein.
Du bist erleichtert.
Gereinigt. Befreit. Leicht.
Wenn du bereit bist.
Dann kommt das Glück zu dir.
Also weine. Weine. Weine, mein Kind,
so wie du noch nicht zuvor geweint hast."

Etwa eine Stunde

Etwa eine Stunde sitzt sie in dem klapprigen Bus, der in Deutschland bestimmt schon lange keine Zulassung mehr bekommen hätte.

Alles ist wunderschön. Der eigenwillige Verkehr und das Gebaren der Autofahrer, die schlaglöchrigen Straßen, die übervollen Mülltonnen und herumstehenden Müllsäcke am Straßenrand, die unbelebten und verlassenen Häuser, der auf die Windschutzscheibe prasselnde Regen – das alles stört sie nicht.

Etwa eine Stunde lang kann sie sich nicht sattsehen an der Landschaft, die draußen vorbeizieht. Erst der geschäftige Trubel der Hauptstadt, dann sieht man rechts nochmal das Meer, bevor sich das Gefährt den Berg hinauf schlängelt und nach einiger Zeit wieder kleine Ortschaften seinen Weg kreuzen. Die Straßen werden enger, der Bus jedoch behält seine Größe. Jedes Mal bewundert sie den Fahrer, wie er geduldig durch die engen Gassen zirkelt. Autos quetschen sich an die Hausmauern, um ihm auszuweichen, sie verkeilen sich beinahe.

Dann erreichen sie die ersten Olivenhaine. Ihre knorrigen Stämme mit den tiefen Verzweigungen erscheinen ihr wie geheimnisvolle Augen oder vernarbte Wunden. Kein Baum gleicht dem anderen, jeder von ihnen erzählt ihr eine eigene Geschichte.

Rechtskurve folgt auf Linkskurve, dann wieder links, rechts und so weiter. In einer Linkskurve liegt gegenüber einer verlassenen Tankstelle ein Café mit einem reich gefüllten Angebot aus Kuchen und Süßspeisen. Auf der Terrasse stehend hat man einen wundervollen Blick in das grüne Inselinnere. Der Anblick des mit Zypressen und Olivenbäumen übersäten Tals früh morgens, wenn der Nebel noch unten in der Tiefe hängt und darüber die frühe Sonne scheint, muss atemberaubend sein.

Wieder passiert der Bus eine Engstelle, es wird gehupt und inzwischen strahlt die Sonne vom wolkenlosen Himmel.

Während die anderen Fahrgäste immer aufgeregter werden, über die Restdauer der Fahrt diskutieren und sich gegenseitig danach befragen, beginnen ihre Sachen wieder in den großen Rucksäcken zu verstauen und sich emsig auf das baldige Aussteigen vorbereiten, wird sie immer ruhiger. Und immer freudiger.

Nach etwa einer Stunde ist sie da.

Abendsturm

Sie steht mit den Füßen im warmen Wasser und genießt, wie das aufgebrachte Meer mit jeder Welle kraftvoll ihre Knöchel umspült.

Sie mag den leeren Strand heute. Der Sturm hat ihn fast menschenleer gefegt. Unaufhörlich schreit der Wind Lärm in ihre Ohren, so laut, dass sie nicht mitbekommen würde, wenn jemand hinter ihr stehen und sie rufen würde.

Die Wellen bäumen sich vor ihr auf und tragen üppige Kronen aus weißem Schaum. Die Schaumkronen spielen Wettrennen und überholen sich gegenseitig. Jugendliche toben ausgelassen in der wilden Brandung. Sie spürt, wie mit jeder Welle Sand unter ihren Füßen weggezogen wird und sie tiefer in dem weichen Untergrund versinkt.

Eben noch ist sie am Strand entlang gegangen, während die orangene Sonne, zerrissen von etlichen Wolkenfäden, langsam ins Meer glitt. Einen Weg am

Strand ging sie im Gegenwind, den anderen Weg mit Rückenwind.

Auf dem Hinweg war ihr Blick auf das dunkle Massiv gerichtet, das bis in die Hälfte des Horizonts hineinragt, und beobachtete, wie sich die verfärbten Wolken langsam über die Gipfel der Berge schieben. Ganz langsam und allmählich kriechen sie, man könnte fast meinen, sie klebten an den Berggipfeln fest. Doch wenn man lange genug hinschaut, sieht man, wie sie sich immer tiefer in Richtung Meer stürzen. Es sieht so aus, als trügen die Berge Haare oder als hätte ein Konditor die Gipfel mit luftigen Sahnehauben garniert.

Auf dem Rückweg hat sie fasziniert dem großen Raubvogel zugesehen, der über den grünbewachsenen Klippen Ausschau nach Beute hielt. Regungslos stand er minutenlang am Abendhimmel, als sei er dort hin geklebt worden.

Mit einem Schmatzen zieht sie einen Fuß nach dem anderen aus dem nassen Sand und dreht sich um.

Hinter ihr steht niemand. Aber der Himmel über dem großen Hotel direkt am Strand hat sich in ein zartes Flieder verwandelt.

Sonnenaufgang

Das Rauschen des Meeres weckt sie, draußen ist es dunkel. Die Balkontür des nicht klimatisierten Zimmers steht offen und der Wind weht den Vorhang der Balkontür in sanften Wellen in das Zimmer herein. Dort verfängt er sich in dem Moskitonetz, das sie auch in dieser Nacht vor den blutsaugenden Brummern bewahrt hat. Nach einem kurzen Kampf gelingt es ihr Bettdecke, Netz und Vorhang zu entwirren und sie bewegt sich tapsend und schlaftrunken zur Dusche, um die Reste des Mückensprays und der Nacht von ihrem Körper und ihrer Seele zu spülen.

Sie verlässt das Zimmer, geht durch die kühle Septemberluft und steigt auf den hohen Hügel. Zu Beginn noch langsam und müde, wird sie mit jedem Schritt schneller. Plötzlich beginnt sie zu rennen. Ihre Schritte und die rutschenden, aufgewirbelten Kieselsteine des Weges klirren laut in der morgendlichen

Stille. Völlig außer Atem erreicht sie den höchsten Punkt des Hügels. Zu ihrer Rechten fällt die Küste steil ab ins Meer, wo unten am menschenleeren Strand die Wellen ihr unendliches Spiel treiben.

Sie dreht dem Abgrund den Rücken zu und starrt gebannt auf die gegenüberliegenden Hügel. Dahinter kündigt sich mit einem zarten Leuchten der Sonnenaufgang an. Wie lange es wohl dauern wird, bis sie sich hinter dem Hügel hervor geschoben hat und ihre wärmenden Strahlen auf sie fallen?

Sie friert in der windstillen Morgenluft.

In der Ferne bellen sich einige Hunde zu. Dann herrscht wieder Ruhe, absolute Ruhe. Nach einiger Zeit wird die Ruhe durchschnitten von dem aufdringlichen Brummen der Mücken, die sie nun entdeckt haben. Sie spürt die nadelartigen Stiche durch die dünne Hose, die sie trägt, bewegt sich aber nicht. Ihre vom Duschen nassen Haare hat sie unter einer Kapuze versteckt, die sie sich weit ins Gesicht gezogen hat, um den brummenden Biestern so wenig wie möglich Angriffsfläche zu bieten. In ihren Ballerinas trägt sie Socken, welche sie zum Schutz gegen die Angreifer über die Hosenbeine gestülpt hat. „Vermutlich sehe ich ziemlich bescheuert aus." „Lieber bescheuert als total zerstochen!" denkt sie und ärgert sich insgeheim, dass sie nicht zwei Hosen übereinander angezogen hat, als die ersten Stiche beginnen an ihren Beinen zu jucken.

Das Bellen eines Hundes reißt sie aus ihren Gedanken. Die Farbe des Himmels hat sich durch die weiter erwachende Sonne verändert. Mit jeder Minute erscheinen neue Farben am wolkenlosen Horizont, das Licht der Sonne wird gleißend, während sich der Feuerball langsam und beharrlich über die Hügelkette auf den Himmel schiebt.

Sie öffnet ihr Herz und genießt.

Die Farben des Wassers

Das Wasser ist durchsichtig, hier an dem kleinen versteckten Strand. Die Wellen schwappen knisternd heran, jede Welle lässt die kleinen weißen, fast runden Kieselsteine rascheln und rutschen. Sie klirren im Rhythmus der Wellen.

Die Wellen tragen keine Schaumkrone, darum ist das Wasser hier kristallglasklar. Direkt am Ufer und die ersten zwei Meter schaut man wie durch eine wogende Glasscheibe auf die Kieselsteine herab.

Dahinter färbt sich das Wasser zuerst türkisblau, bevor sich dunkelblaue Flecken aufdrängen. Sie durchziehen das Türkis, erscheinen fast dunkelgrau. Darunter, in der gedämpften Stille des Meeresgrundes, wiegen sich mit fließenden Bewegungen die braunen Halme des Seegrases.

Auf der anderen Seite der Bucht stehen unter dem Schutz von kleinblättrigen, grünen Büschen schroffe, ockerfarbene Felsen im Wasser. Ihre scharfen Kanten zerschneiden das heran schwappende Wasser.

Dort vor den kluftigen Felsen schimmert das Wasser grün wie ein Smaragd.

Der schlafende Drache

Ein Ort am Meer.

Eine Bank, dunkelgrün gestrichen, steht mit ihren Metallfüßen fest verankert in der grauen Betonpromenade. Nur vereinzelt sitzen Touristen in den Cafés auf der anderen Seite der Straße und nehmen das erste Essen des Tages zu sich.

Nachmittags drängen sich zahlreiche Menschen im Schatten der Bars und Cafés, stürmen die kleinen Geschäfte und besetzen die blauen Liegen am Strand. Strandliegenvermieter eilen zu den Neuankömmlingen genauso eilig wie zu den grade verlassenen Liegen, um sie von den hinterlassenen Sandschaften der Besucher zu befreien.

Jetzt ist es noch ruhig. Ein älterer Mann geht gelassen mit einem Buch unterm Arm entlang des Wassers, bleibt hier und da stehen und blickt auf das sanfte Meer, als ob er eine Veränderung erwartet. Das Wasser kräuselt sich nur seicht in Strandnähe und die zarten Wellen schwappen beharrlich auf den dunkelbraunen Nasssand zu.

Vor ihr im Meer, scheinbar nur einen Steinwurf weit von ihr entfernt, liegt ein außergewöhnlicher Felsen. Mächtig und majestätisch, ruhig und stoisch liegt er da und scheint sich nicht bewusst zu sein, dass er ein heimlicher Star ist, werden doch von ihm täglich unzählige Bilder geschossen.

Die jungen Sonnenstrahlen tanzen auf seinem gewölbten Rücken und die um ihn herum brechenden Wellen werfen gemeinsam mit der Sonne Funken.

Seine Form erinnert an ein Reptil, das sich im Wasser schlafend zur Ruhe gelegt hat.

Seine Erscheinung und sein Charakter ändern sich ständig mit dem Stand der Sonne und der Laune des Wetters. Heute Morgen wirkt er freundlich und hell.

In ihrer Vorstellung gibt es diesen Moment, in dem plötzlich ein Ruck durch seinen versteinerten Körper geht, dann ein grollendes, urzeitliches Schnauben zu hören ist und die felsenen Krusten des Schlafes aufbrechen. Noch müde und steif vom langen Liegen beginnt er sich unter den staunenden Augen der Menschen langsam aus dem Wasser zu erheben, deutet als Dank an sein Publikum eine Verneigung in Richtung der Strandpromenade an, bevor er sich schließlich anmutig in die Lüfte schwingt.

Der ältere Mann am Wasser ist ihrem Blick entschwunden.

Nachts am Meer

Einige Nächte zuvor hat sie bereits dort gesessen, auf der Bank im Meer, gemeinsam mit einem Bekannten.

Es war eine sternenklare Nacht. Beinahe wäre sie in Ihren Flipflops auf dem Weg über den Betonsteg im Dunkeln ausgerutscht und ins Meer gefallen, genau an der schmalen Stelle des Steges, an der die gebrochenen Wellen fast immer oben auf enden und dadurch eine glitschige, dünne Moosschicht haben entstehen lassen. Der helle Mond hatte gerade ausreichend viel Licht gespendet, dass sie die Stelle trocken überwinden konnte.

Dann hatten sie einige Zeit lachend, staunend und später ehrfürchtig schweigend auf der Bank gesessen, die Köpfe im Nacken liegend ins funkelnde Firmament gerichtet, bis ihnen beiden Nacken und Schultern weh taten und sie den Rückweg über den Betonsteg zurück zum Strand begingen.

Heute ist der Himmel ebenso klar, wie in der besagten Nacht, und der Gedanke auf der Bank im Meer alleine unter den Sternen zu sitzen, lässt sie zu später Stunde auf ihrem Roller durch die menschenleere, nächtliche Stille sausen. Außer ihrem Gefährt ist niemand zu hören, auch die Bars und Restaurants sind bereits so leer, wie die Straßen. Sie parkt irgendwo, entledigt sich des Helms und zieht den Schlüssel ab. Nach den ersten Schritten auf dem steinernen Boden bleibt sie ruckartig stehen, als sie sieht, dass sich vorne im Dunkeln auf der Bank im Meer etwas bewegt. Sie geht nicht weiter, sondern gibt ihren Augen, die sich noch an das Licht der Straßenlaterne vorne an der Ecke erinnern, einen Moment, um sich an die nächtliche Dunkelheit zu gewöhnen.

Vorne auf der Bank liegt ein Mensch, daneben stehen allerlei Gerätschaften, die sie trotz des Mondlichts nicht richtig erkennen kann. Leise geht sie ein paar

Schritte zurück und setzt sich auf eine kleine Mauer, von der sie aus der Dunkelheit heraus die Bank beobachten kann. Ihr Blick geht hoch zum Mond, der von einem weißlich schimmernden Wolkenring eingerahmt ist. Das weißliche Licht des Mondes taucht die Szenerie auf der Bank im Meer in eine merkwürdige Stimmung.

Nach einer Weile richtet sich der Mensch auf der Bank auf und hantiert mit den Gegenständen herum. Ihr Blick wechselt zwischen dem Wolkenmond, den Sternen und der Bank hin und her, während sie sich fragt, ob er aufgestanden ist, weil er sie bemerkt haben könnte.

Eine ganze Weile sitzt sie noch da, nachdem er sich wieder auf die Bank gelegt hat, dann entscheidet sie sich, wegen der kaltnassen Luft und der fehlenden Aussicht auf das Alleinsein auf der Bank, zu gehen. Ihr Roller ist nach ein paar Schritten erreicht, sie putzt mit dem Ärmel den nassen Tau vom Sitz, zieht den kalten Helm auf, startet den Motor und blickt noch einmal rüber zur Bank im Meer, wo der Angler

beginnt seine Sachen zusammen zu räumen.

Guten Morgen!

Sie sitzt auf dem Balkon. Die Sonne ist eben über der Hügelkette hervor gekrochen und lässt ihre Wärme in die Ebene vor ihr fließen. Eine weiße Säule spendet Schatten. Ihre Füße sind gegen das Metallgeländer gestemmt, der Sonne entgegen. Ab und zu fährt ein Auto vorbei. Davon abgesehen herrscht diese friedliche Ruhe, die es nur früh morgens gibt, wenn die Menschen ihren Tag noch nicht begonnen haben. Es duftet nach Oleander, Gras, Wiesenkräutern und Sonnenschein. Leise fliegen kleine Vögel vorbei. Ab und an schreit ein Hahn seinen Weckruf der Sonne entgegen, ein weiterer antwortet bevor wieder die zauberhaft erwartungsvolle Stille auf den neuen Tag beginnt.

Sie blickt in das Tal vor sich hinein. Im hohen Gras, unweit vor ihr, regt sich etwas. Ganz aufgeregt zittern und tanzen die langen Halme mit hellen Blüten, wie von Zauberhand werden sie bewegt.

Da, ein Schaf streckt seinen Kopf aus den zitternden Gräsern und reckt ihn nach einem besonders lecker anmutenden Blatt. Nach und nach treten immer mehr Schafe aus der strohfarbenen Insel ins grüne, saftige Gras ein. Gemächlich, aber beharrlich, fressen sie die Leckereien, die ihnen die Natur bietet. Helle Schafe, fuchsfarbene Schafe, braune Schafe, helle Köpfe, braune, dunkle - kein Schaf gleicht dem anderen. Sie fressen, als seien sie von der morgendlich friedvollen Ruhe infiziert. Nur selten springt eines der Kleineren plötzlich umher, nur um sich nach drei oder vier Bocksprüngen wieder andächtig dem Gras hinzugeben.

Ein großer, runder Busch beginnt unvermittelt zu sprechen, bevor der Schäfer aus seinem Schatten hervortritt.

Auf dem Weg zum Strand

35 Grad im Schatten, in der Sonne ist es so heiß, dass jede Bewegung schmerzt und vom Körper mit einem Schweißausbruch quittiert wird. Die Berührung der Sonne fühlt sich nach Sauna an. Ein warmer Wind bewegt die Luft und bringt im Schatten etwas Abkühlung, doch in der Sonne trägt er die Strahlen der Sonne wie Glut vor sich her.

Sie schlängelt sich einen Berg hinunter, ihre Schritte platschen auf dem staubigen Boden. Der Staub hat ihre Sandalen vorne ganz grau gefärbt, ein krasser Kontrast zu ihren quietschbunt lackierten Zehennägeln. Sie zieht den Kopf ein, als ein Oleanderbusch über den Weg hängt und dreht sich lächelnd zu den prächtigen, pinken Blüten um, nachdem sie ihn passiert hat. Durch die Nase zieht sie den süßlichen Duft mit der warmen Luft tief in die Lungen ein. Wie das duftet!

Als sie weiter geht, erklingt wieder das stumpfe Platschen ihrer Schritte auf dem staubigen Weg. Ein Hahn kräht den lärmenden Zirkaden entgegen, die auf Olivenbäumen in den nahen Gärten sitzen. Und genau dort sitzt eine Taube und gurrt ihr ein wohlvertrautes Lied zu.

Die Schaukel - oder am siebten Himmel

Hoch oben im Norden bei den Kreidefelsen,

da gibt es einen Ort.

Einen Ort,

an dem das Meer unaufhörlich rauscht,

tosend und mächtig.

Das Rauschen des Meeres drängt die steile Küste

hinauf

und vermischt sich in meinem Ohr

mit dem starken Wind.

Meine Haare fliegen in alle Richtungen,

Speisekarten und Kassenzettel auch.

Im Schatten ist es fast kühl.

Mannshohe sattgrüne Hecken aus weißen,

gefüllten Rosen stehen herum.

Ihr Duft wird vom Wind weggetragen.

Entspannte Jazz-Musik hängt in der Luft,

mein Ohr heißt sie Willkommen

und mein Herz freut sich.

An dicken seemannsartigen Tauen

hängen braun gestrichene Schaukeln.

Menschen schunkeln

vor dem Abgrund auf ihnen hin und her.

Der Tresen gibt Sicherheit.

Ich falle auf eine der Schaukeln.

vor zurück

„Kann das wahr sein?" fragt mein Kopf.

Rechts und links geht mein Blick

entlang der steilen Küste aus hellen Felsen.

Vom Meer rund gespült wirken sie fast weich.

Ich blicke in die Weite des Meeres.

In der Brandung verwaschen milchig gefärbt,

von den aufgespülten Resten der Felsen,

dann türkisblau,

bis schließlich weit hinten

mein Auge die Farbe verliert.

Das Meer küsst den Himmel.

vor zurück

vor zurück

Die Musik spielt ein neues Lied.

vor zurück

vor zurück

Ich verliere mich im Vor und Zurück der Schaukel

im Einklang

mit dem Kommen und Gehen des Meeres.

näher weiter

näher weiter

vor zurück

vor zurück

vor zurück

Mein Cappuccino ist leer.

Rosa Blumen

20 Minuten Fußweg über einen griechischen Schotterweg weit entfernt von einem schönen Café erreiche ich mein Ziel.

Nach einem kurzen, steilen Anstieg zu Beginn habe ich das Restaurant passiert, auf dessen Dachterrasse man einen der schönsten Ausblicke auf den allabendlichen Sonnenuntergang hat.

Dann lag auf der Hälfte des Weges eine einfache Lokalität, in der ein älteres Ehepaar am Rande der Klippen drei Hollywoodschaukeln aufgestellt hat und ihren Gästen mit großer Herzenswärme und scheinbar immerwährender Zufriedenheit Kaffee- und Kaltgetränke serviert. Selbst geernteter Honig und Olivenölseifen zieren ihren Tresen. Auf dem Rückweg werde ich mich auf einer der Hollywoodschaukeln ausruhen, Espresso und Wasser trinken, und den Ausblick auf den faszinierenden Felsen im Meer genießen.

Mein Ziel ist eine kleine Kapelle. Um dorthin zu gelangen, habe ich den Schotterweg nach rechts verlassen und bin die letzten Meter über einen ausgetretenen, erdigen Trampelpfad gegangen. Beim ersten Besuch bin ich an der Abzweigung noch vorbeigelaufen.

Der Pfad schlängelt sich zwischen den Büschen hindurch und nach einer Linksbiegung eröffnet sich die Freifläche mit dem weißen Gemäuer. Der von Büschen umzingelte Platz um die Kapelle herum ist karg. Steine und Boden sind grau und braun. In der hinteren Ecke der Freifläche steht hüfthoch eine weiße Säule, deren Zweck sich mir noch nicht erschlossen hat.

Und dort auf diesem Platz vor der kleinen Kapelle, recken inmitten der Kargheit kleine rosafarbene Blumen ihre zarten Blüten der Sonne entgegen. Der Wind spielt mit ihnen. Täglich sehen sie zig Touristen an sich vorbeilaufen. Ruhig und kraftvoll stehen sie da. Sie erscheinen mir unwirklich.

Staunen im Frühlingswind

Vor zwei Stunden war der Himmel noch grau und wolkenverhangen.

Sie sitzt mit Blick zum Meer. Unten am Strand brechen die Wellen immer und immer wieder und werfen dabei luftige, weiße Linien auf die dunkelblaue Fläche. Der Wind trägt das schaumige Schwappen den Berg hinauf zu ihr. Hinter einer dünnen, seidigen Wolkenkulisse scheint die Sonne. Die hellen Strahlen treffen ihre rechte Wange. Es wird ganz warm dort, wo die Sonne ihre Haut berührt. Hinter ihr im Café sprechen Leute lautstark miteinander, sie versteht sie nicht.

Der zarte Maiwind streicht um sie herum und kühlt ihre rechte Wange, die von der Sonne rot angemalt worden ist. Er lässt die Blumen vor dem Café und deren saftig bunte Blüten sacht in seinem Takt nicken, auch die grünen Büsche des Berges winken ihr in diesem Takt zu. Mit dem Wind fliegen Schwalben umher, mal mit schnellen, eifrigen Flügelschlägen, mal ziehen sie gleitend ihre wirren Kreise über den Büschen des Berges. Von Zeit zu Zeit frischt der Wind auf, wandelt sich von kühl in kalt und lässt sie unter ihrer Jacke zittern. Auch das Grün der Blumen und ihre prachtvollen Blüten zittern dann durch seine Kraft. Die Blüten strahlen ihr in gelb, pink, rot und rosa entgegen, der Wind schafft es nicht ihre Farben davon zu wehen. Die Wolken ziehen stumm über den blauen Himmel und malen in verschiedenen Tönen immer neue Bilder.

Weit hinten, auf der Horizontlinie, fährt auf dem dunkelblauen Meer ein großes Schiff. Seit sie hier sitzt, hat es schon die Hälfte des Horizonts hinter sich gebracht. Wohin es wohl fährt?

Das Gespräch hinter ihr ist verstummt. Der Kellner reißt sie aus ihrem Staunen, als er das Essen serviert.

Die schönste Zeit

Und manchmal habe ich das Gefühl,

die Zeit bleibt stehen.

Einfach so.

Und manchmal bleibt die Zeit einfach stehen.

Einfach so.

Bleibt sie stehen?

Oder dehnt sie sich aus?

Wohin dehnt sie sich aus?

Ins Unendliche?

Wie lange bin ich jetzt schon hier?

Eine Stunde?

Einen Tag?

Eine Woche?

Einen Monat?

Ich kann es nicht sagen.

Es fühlt sich länger an, als es ist.

Manchmal spielt Zeit keine Rolle.

Ist bedeutungslos.

Oder ist diese Zeit,

die sich so unwirklich ausgedehnt anfühlt,

so lang, so intensiv, so normal,

etwa die Zeit, die besonders bedeutungsvoll ist?

Ist das die Zeit,

in der die schönsten Momente geschehen

und die wundervollsten Erinnerungen entstehen?

Gefühlte Ausdehnung.

Unwirklich wirklich.

Stehengeblieben. Ausgedehnt.

Bedeutungslos. Bedeutungsvoll.

Voll auskosten.

Glitzermeer

Die Sonne glitzert auf dem Meer, wie Sternen-
staub. Wie tausende feiner, funkelnder, lupenreiner
Diamanten blitzen die Sonnenstrahlen auf, wenn sie
die Wellen berühren und sie erwärmen. Vor ihr steht
ein leuchtendes Glas, gefüllt mit frisch gepresstem
Orangensaft, das nach Sommer und Leichtigkeit
schmeckt. Der warme Wind bringt die Kühle des
Meeres mit und streicht ihr leicht über die Haut.

Als sie ankam, wählte sie einen schattigen Platz, um
ihre helle Haut zu schonen, die im kalten, dunklen
Winter lange keine Sonne mehr gespürt hat. Jetzt
sitzt sie schon eine Weile hier. Währenddessen ist die
Sonne gewandert und strahlt mit ganzer Kraft auf
ihren linken Fuß. Erst jetzt merkt sie, dass die Haut
unter den Strahlen der Sonne brennt wie Feuer.

Ein Motorboot unterbricht lautstark das Funkenspiel
auf dem Wasser. Es tönt in hohem Tempo die Küste
entlang und zieht dabei weiße Fäden hinter sich her.

Das Schreien des Motors ist noch nicht ganz verklungen, da sind die weißen Fäden bereits weggeflossen und das Wasser hat zu seiner alten Form zurückgefunden. Sofort breitet sich das unzählige Funkeln wieder auf der nahezu glatten Meeresoberfläche aus. Sternenstaub. Sie lächelt.

Suchen

Du hörst auf zu suchen,

wenn du gefunden hast,

was du suchtest:

dich.

Jeden Tag

Heute Abend schreibe ich in mein Tagebuch:

„Das ist mit Abstand das Beste,

was ich je gemacht habe!"

Freiheit spüren

Freiheit spüren.

Arme ausbreiten. Alles loslassen.

Du drehst dich. Die Welt rauscht an dir vorbei.

Immer schneller.

Es ist leicht, ganz leicht. Du bist leicht.

Du bist das Zentrum.

Freiheit spüren.

Laut singen. Im Wald springen und schreien.

Die kalte Luft tief in die Lungen einatmen

und anhalten.

Du spürst dein Herz schlagen.

Kräftig und beständig.

Freiheit spüren.

Im Sturm stehen. Arme ausbreiten.

Du lässt deine Augen zufallen

und wirst von den Sturmböen weggetragen.

In Gedanken.

Du fühlst die Kraft der Natur in dir.

Freiheit spüren.

Still sitzen am Meer.

Die unendliche Weite des Meeres

verzaubert deinen Blick.

Die Sonne wärmt deine Haut.

Der Wind berührt dich zart.

Die Weite füllt dich aus und

trägt dich zum Horizont.

Du bist.

Glücklich.

Ruhe

Was ist, wenn alles geht?

Außen ist nichts. Innen ist nichts.

Nur ich. Ganz ich. Mit mir.

Macht mir das Angst? Oder füllt es mich aus?

Ich spüre Ruhe in mir.

Die Ruhe und ich.

Die Ruhe in mir.

Meine Ruhe.

Tief in mir.

Ich ruhe in mir.

Was ist, wenn alles geht?

Klarheit - rein,

wie die Luft an einem eiskalten Wintersonnentag

Licht - hell,

wie die Sonne am wolkenlosen Himmel

Wärme -

vollkommen eingehüllt in einer weichen Decke

Stille -

die Welt hält kurz den Atem an und bleibt stehen

Dann ist sie da.

Ruhe.

Für einen Moment.

Ich bin Ruhe.

Ich bin, Ruhe.

Ich bin. Ruhe.

Vom Leben

Leben – was ist das?

Arbeiten tagein, tagaus?

Ärger im Straßenverkehr, im Zug oder im Bus?

Ehrgeiz, Gier, Macht, Wettkampf?

Höher, schneller, weiter?

Schimpfen auf Nachbarn, Kollegen,

Politik, den Chef?

Aufregen über Gott und die Welt?

Und „früher war alles besser Reden" halten?

Ist das deine Realität? Ist das dein Leben?

Was ist Leben?

Leben leben. Leben erleben.

Leben lieben. Leben spüren. 100% Leben.

Lachen, weinen, freuen, ärgern,

tanzen, toben, springen, schrei'n,

vertrauen, lieben, träumen, schweig'n

dichten, spinnen, rennen, und verzeih'n,

trauern, heulen, quietschen, strahlen,

schlafen, gähnen, barfuß geh'n,

fühlen, riechen, singen, malen

genießen, schmecken, kochen, steh'n,

reisen, entdecken, heimkehr'n, bleiben,

sitzen, staunen, hör'n, denken

ausruhen, backen, verrücktsein, tun,

planen, machen, scheitern, red'n

lernen, faulsein, putzen, siegen

stillsein, schauen,

einfach SEIN.

Was bleibt, wenn alles geht?

Was bleibt, wenn alles geht?
Wenn DU den Mut hast, alles loszulassen,
was bleibt dann?
Wenn alles geht, alles.
Ich meine, wenn wirklich alles geht,
alles wohinter du dich verstecken kannst.
Wenn also alles, wirklich alles geht,
du wirklich alles loslässt.
Ich meine ALLES.
Ich meine, wenn der Schmerz geht,
die Trauer, der Ärger, die Wut,
der Zorn, der Hass,
die Freude, die Stärke,
die Überdrehtheit, der Clown, das Lachen,
das Weinen, der Kummer, die Sorge, die Angst,
alle Fassaden, alle Masken, alle Vorstellungen,
wenn das alles geht:
Was bleibt dann?

Du kannst dich dann nicht mehr verstecken.

Vor DIR.

Vor dem Leben.

Vor DEINEM Leben.

Es hört auf.

Einfach so.

Das Versteckspiel.

Das Versteckspiel vor DIR selbst.

Und es kommt ans Licht.

Plötzlich.

Plötzlich und wunderschön.

Plötzlich bist DU da. DU mit dir.

DU.

DU bist was bleibt.

DU allein.

Und?

Was fängst DU jetzt mit DIR an?

Jetzt, da sonst nichts mehr zählt.

Nur DU. DU. DU zählst.

Sonst nichts.

Vollkommen DU.

Läufst du jetzt weg?

Drehst dich um und gehst zurück?

Oder hörst du hin?

Schaust du hin?

Fühlst du hin?

In dich hinein, ganz tief.

Wartest, was da ist.

Was sich zeigt.

Hör ganz genau, lausche dich selbst.

Schau ganz genau. Fühl ganz genau.

Ja, das bist DU.

Das ist was bleibt: DU

Und dann:

es steigt in dir auf.

Wie ein uralter Vulkan bricht es aus dir heraus.

Der Schrei nach Leben. Deinem Leben.

Der Ruf nach dir. Höre deinen Ruf.

Und höre DEINE Antwort!

Höre deine Stimme.

Lausche dir. Spür dich.

Jetzt weißt du plötzlich:

Es ist Zeit, Zeit zu leben.

Wirklich zu leben.

Du weißt, was du dafür brauchst.

Du sagst es dir.

Du zeigst es dir.

Du spürst es in dir.

Und du hörst dir zu.

Du dir selbst.

Was bleibt, wenn alles geht?

DU & DEIN Leben.

Mach was draus!

barfuß

Sie läuft barfuß im Sand. Keiner außer ihr.
Der feste, feuchte Untergrund federt ihren Lauf kaum ab, ihre Sprunggelenke schmerzen. Wenn eine Welle kommt, läuft sie mit dem linken Fuß im Wasser. Sie läuft und läuft.

Schritt – Platsch - Schritt – Platsch – Schritt - Platsch

Ein freudiges Lachen steigt aus Ihrem Bauch auf und zeigt sich in ihrem Gesicht. Das Platschen des Wassers macht sie fröhlich. Das Wasser spritzt herrlich erfrischend an ihre Beine, die lange Sporthose ist bis zu den Knien nass und salzig.
Die dunstige, schwülwarme Luft erschwert ihr das Atmen. Sie wünscht sich die klare, kalte Luft von vor einigen Tagen zurück, sie wünscht sich eine Abkühlung, denn sie weiß, dass auch das Bad im Meer keine bringen wird. Sie vermisst den Wind, eine Böe,

die den Schweiß auf ihrer Haut berührt und ihr wenigstens die Illusion von Frische bringt.

Als sie ankam und barfuß den steilen Weg zum Strand runter ging und sich von unten die spitzen Steine des grob geteerten Weges in ihre Fußsohlen bohrten, hatte sie noch gehofft, hier unten am Meer den Wind zu treffen.

Doch es ist gespenstisch windstill.

In der Wärme schlägt ihr Herz schnell und kräftig.

Sie kann es hören, so still ist es.

Sie liebt diese Stille.

Nur sie und der Strand.

Nur sie am Strand.

Nur sie und das Laufen.

Und die warme Luft und das Licht.

Während sie den Strand in einer langgezogenen Linkskurve entlang läuft, ist das hellgrau des frühen Morgens einem zarten Rosa gewichen.

Und gleich auf dem Rückweg wird das Zartrosa langsam damit beginnen, sich in ein warmes Orange zu verwandeln. Die Wandlung kann sie auf den Felsen im Meer verfolgen, die das junge Farbspiel des Tages wie eine Leinwand widerspiegeln.

Als sie mit dem Lauf fertig ist, dreht sie sich außer Atem um, zu den üppigen grünen Hügeln, an denen die vielen terracottafarbenen Dächer kleben.

In diesem Moment geht darüber die leuchtende Sonne auf.

Meine kleine Stille

Kennst du sie?

Diese kleine, zarte und ruhige Stille,

tief in dir drin?

Diese Stille, die sich tief und weit anfühlt,

die tief in dir drin wohnt.

Ein Moment, in dem du bei dir bist, wie sonst nicht,

tief in dir ruhend und ganz bei dir.

Zu Hause in dir.

Es ist eine beruhigende Stille,

keine Laute in der du das Leben nach außen

bringen willst, schreiend und lachend gleichzeitig.

Nein, sie ist zart, erfüllend, leise. Leise glücklich.

Diese kleine Stille, du kannst sie zwar suchen,

aber du kannst sie nicht rufen.

Sie findet dich, wann immer es ihr beliebt.

Sie besucht dich, wann sie möchte.

Und wenn sie da ist,

dann bist du präsent und ganz bei dir.

Du bist tief in dir selbst verwurzelt

und tief innen drin in dir glücklich.

Glücklich aus dir heraus.

Es schmeckt nach zu Hause.

Ja, sie ist ganz zart, aber sie füllt dich komplett.

Meine kleine Stille, füllt mich aus

und hüllt mich ganz ein.

Ganz und gar.

Erfüllt mich mit Zuversicht und Vertrauen,

mit Wärme und Liebe.

Auf meinem Gesicht geht das zarteste Lächeln

auf, ein Lächeln, das von alleine bleibt,

ohne jede Anstrengung.

Federleicht.

Ich lächle tief aus meinem Inneren heraus.

Kennst du sie?

Deine kleine Stille?

Ich wünsche es dir!

Namasté